DATE DUE

929.9

COO

C1

2003

$ 20.95

La guía de Rourke para los símbolos de los estados

The Rourke Guide to State Symbols

Banderas

FLAGS

Jason Cooper

Traducido por Kristen Keating

Rourke
Publishing LLC
Vero Beach, Florida 32964

ARTWORK:
Cover artwork by Jim Spence.
All flag art except for cover © The Flag Research Center.

Editorial Services:
Versal Editorial Group
www.versalgroup.com

Library of Congress Cataloging-in-Publication Data

Cooper, Jason, 1942 -
   Flags / Jason Cooper.
      p. cm. — (La guía de Rourke para los símbolos de los estados)
   Includes index.
   Summary: Describes the designs and symbolism of the flags that represent the fifty states.
   ISBN 1-58952-397-0
   1. Flags—United States—States—Juvenile literature. [1. Flags—United States—States.]
I. Title II. Series: Cooper, Jason, 1942 -   The Rourke guide to state symbols.
CR113.2.C66 1997
929.9'2'0973—dc21   97–20265
                                                          CIP
                                                          AC

Printed in the USA

Contenido/Contents

Introducción

Los estados comenzaron a crear distintas banderas para sus ejércitos durante la Guerra Revolucionaria (1775–1783) y lo continuaron haciendo hasta mucho después. En la época de la Guerra Civil (1861–1865) los ejércitos se identificaban con una variedad de banderas estatales. Más tarde, con el crecimiento de las capitales estatales y ferias nacionales, los estados entendieron la necesidad de tener banderas que se pudieran usar con fines no militares. Para 1927 todos los estados, incluso dos territorios que más tarde llegarían a esa categoría (Alaska y Hawai), tenían una bandera estatal.

La bandera es un símbolo poderoso que inspira varias emociones. Cada una tiene su propia personalidad y simbolismo. Ninguna carece de significado.

En algunos estados, el simbolismo es obvio: la figura de un minero, por ejemplo, deja claro que para el estado es muy importante la minería. Algunas banderas tienen muchos símbolos y palabras, aún de otros idiomas. Sin embargo, otras sólo muestran estrellas, barras, patrones o franjas de color.

Los símbolos de algunas banderas datan de hace cien años o más. Las banderas muestran cómo era la vida en el pasado; sus símbolos reflejan antiguas batallas y épocas de dominio extranjero. En vez de carros, aviones, cohetes y rascacielos en las banderas estatales, verás caballos, ganado, arados, espadas y gorros frigio. Cuatro banderas se inspiraron en la antigua Confederación; otras se inspiraron en los sellos estatales del siglo XVIII. Al observar las banderas, verás una Vía Láctea de estrellas y un arca de Noé de animales: tejones, pelícanos y otros.

Los estados han cambiado sus banderas con el tiempo por varias razones, y seguramente las cambiarán de nuevo. Ahora, puedes observar estas banderas coloridas y "leer" los cuentos fascinantes que comunican.

Introduction

States began to create distinctive flags for their armies during the Revolutionary War (1775–1783) and continued long afterwards. In Civil War days (1861–1865), armies still identified themselves by a variety of state flags. Later, with the growth of state capitals and national fairs, states began to sense the need for flags that could be used for non-military purposes. By 1927, all the states and two states-to-be—Alaska and Hawaii — had flags.

Flags are strong symbols that can inspire many emotions. Each flag has its own personality and symbolism. None is without meaning.

In some state flags the symbolism is obvious. A picture of a miner, for example, makes quite clear that a state values its minerals. A few flags have many symbols and words—sometimes not in English. Some flags, though, show only stars, bars, patterns, or blocks of color.

State flag symbols have been passed down for a hundred years or more. Flags show life in the past; their symbols often reflect old battles and rule under foreign flags. Instead of cars, computers, jets, rockets, and skyscrapers on state flags, you will see horses, cattle, plows, tall-masted ships, swords, and liberty caps. Four flags were inspired by the old Confederacy; several others were inspired by 18th century state seals. Looking at flags, you'll see a Milky Way of stars and an ark of animals—badgers to grizzlies to pelicans.

States have revised their flags over the decades for various reasons, though, and likely will change them again. Meanwhile, look at these colorful banners and "read" the fascinating stories they tell.

ALABAMA

"We Dare Defend Our Rights"

"Nos atrevemos a defender nuestros derechos"

Categoría de estado/Statehood: 1892, estado 22/22nd state
Creación de la bandera estatal/Year Made State Flag: 1895

El diseño de la bandera del estado de Alabama se parece a la famosa bandera de batalla de la Confederación. Alabama fue uno de 13 estados del Sur que se separó de la Unión para formar los Estados Confederados de América.

La bandera de batalla más popular de la Confederación, "Las Estrellas y Las Barras", tenía una cruz azul sobre un fondo rojo. Tenía 13 estrellas, una para cada gobierno de los estados Confederados, colocadas en las barras.

Alabama's state flag is similar in design to the famous battle flag of the Confederacy. Alabama was one of 13 southern states that seceded from the Union and formed the Confederate States of America.

The most popular Confederate battle flag, the Stars and Bars, featured a blue cross, or saltire, against a red field. It had 13 white stars, one for each Confederate state government, arranged on the bars.

ALASKA

"North to the Future"
"Al norte hacia el futuro"

Categoría de estado/Statehood: 1959, estado 49/49th state
Creación de la bandera estatal/Year Made State Flag: 1927

La bandera estatal de Alaska es una figura de ocho estrellas sobre un fondo azul oscuro. La estrella más grande, en la esquina superior del lado derecho, representa la estrella polar y la posición de Alaska como el estado más al norte. Las otras siete estrellas están en la forma de la constelación de la Osa Mayor. La Osa Mayor es un símbolo de la fuerza de Alaska.

El fondo azul representa el mar, el cielo y la nomeolvides, una flor silvestre que se adoptó como flor estatal.

Benny Benson, un niño indígena de 13 años, diseñó la bandera en 1926.

Alaska's state flag is a pattern of eight stars against a field of dark blue. The largest star, in the upper-right corner, represents the North Star and Alaska's title as the most northerly state. The other seven stars are laid out like the Big Dipper, part of the constellation known as Ursa Major, or Great Bear. The Great Bear is a symbol of Alaska's strength.

The blue field represents sea and sky and the forget-me-not, a wildflower that became the state flower.

A 13-year old Native American named Benny Benson designed the flag in 1926.

ARIZONA

"God Enriches"
"Dios enriquece"

Categoría de estado/Statehood: 1912, estado 48/48th state
Creación de la bandera estatal/Year Made State Flag: 1917

En la bandera estatal de Arizona, diseñado poco antes de que Arizona se convirtiera en estado, se destaca una gran estrella de color de cobre, que representa los depósitos de cobre y otros minerales del estado. Las trece rayas rojas y amarillas que salen de la estrella representan el sol de Arizona y quizás los 13 estados originales o los 13 condados que tenía Arizona en 1911.

El rojo y el amarillo también recuerdan los colores de España, que antes gobernaba la tierra que hoy es Arizona.

Arizona's state flag, designed shortly before Arizona became a state, features a large, copper-colored star, standing for Arizona's copper and other mineral deposits. Thirteen red and yellow rays spread beyond the copper star, representing Arizona's sunshine and perhaps the 13 original states or the 13 counties in Arizona in 1911.

Red and yellow also recall the colors of Spain, which once governed the land that is now Arizona.

ARKANSAS

"The People Rule"
"El pueblo reina"

Categoría de estado/Statehood: 1836, estado 25/25th state
Creación de la bandera estatal/Year Made State Flag: 1913

Por una buena razón Arkansas recibió el apodo "El estado de diamantes". Los diamantes se venden en todos los estados, pero se extraen sólo en Arkansas.

La forma de diamante domina la bandera de Arkansas. Dentro del diamante, sobre un fondo blanco, hay cuatro estrellas azules. La estrella superior recuerda a Arkansas como miembro de la Confederación (1861–1865). Las otras tres estrellas del diamante representan a España, Francia y los Estados Unidos, las tres naciones cuyas banderas han ondeado sobre Arkansas.

Las 25 estrellas blancas en el borde azul del diamante representan la entrada de Arkansas al país como el vigésimo quinto estado.

Arkansas is nicknamed the Diamond State for good reason. Diamonds have been sold in all of the states, but they have been mined only in Arkansas.

A diamond shape dominates the Arkansas state flag. Within the diamond, on a field of white, are four blue stars. The uppermost star remembers Arkansas as a member of the Confederacy (1861–1865). The other three stars in the diamond represent Spain, France, and the United States, the three nations whose flags have flown over Arkansas.

The 25 white stars in the blue border of the diamond represent Arkansas' admission as the 25th state in the Union.

CALIFORNIA

CALIFORNIA REPUBLIC

Categoría de estado/Statehood: 1850, estado 31/31st state
Creación de la bandera estatal/Year Made State Flag: 1911

Un oso pardo aparece en la bandera estatal de California. El animal representa la fuerza y el coraje. El oso pardo se extinguió en California en la década de 1920, pero como la mayoría de las banderas, la de California recuerda su pasado. Cuando se diseñó la bandera en 1846 había una abundancia de "osos dorados" de California.

Los primeros colonos querían que California se independizara de México. Hasta hoy día, esa independencia se representa con una estrella y las palabras "California Republic" (República de California), a pesar de que California nunca fue república ni nación independiente.

A grizzly bear appears on California's state flag. The animal represents strength and courage. The grizzly was wiped out of California in the 1920's, but like most flags, California's remembers the state's past. When the flag was designed in 1846, grizzlies—California's "golden bears"— were plentiful.

Early settlers wanted California to be independent of Mexico. To this day, that independence is represented by a star and the words "California Republic"— although California was never a republic, or independent nation.

"Eureka (¡Lo he encontrado!)"

"Eureka (I Have Found It!)"

Colorado

"Nothing Without Providence"
"Nada sin la Providencia"

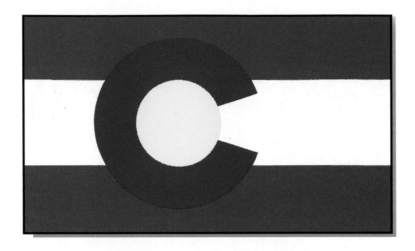

Categoría de estado/Statehood: 1876, estado 38/38th state
Creación de la bandera estatal/Year Made State Flag: 1911

La bandera colorida de Colorado tiene una gran letra "C" que representa su nombre y su aceptación como estado en 1876, el cumpleaños número cien, o centenario, de Estados Unidos.

El color rojo representa el significado de la palabra colorado en español. El círculo amarillo dentro de la "C" de la bandera representa el mineral de oro y el sol de Colorado.

El azul representa el cielo de Colorado y también es uno de los colores de la flor estatal, la aguileña de las montañas Rocosas. La raya blanca representa otro color de la aguileña, la nieve y el mineral de plata.

Colorado's colorful state flag has a large red "C" that represents the state's name and its admission to statehood in 1876, America's one hundredth birthday, or centennial.

The color red represents the meaning of the word Colorado in Spanish. The yellow circle inside the flag's "C" represents Colorado's gold ore and its sunshine.

The blue is for Colorado skies and one of the colors of Rocky Mountain columbine, the state flower. The white stripe represents another of the columbine colors, snow, and silver ore.

CONNECTICUT

"He Who Brought Us Over Will Sustain Us"

"El que nos trajo nos mantendrá"

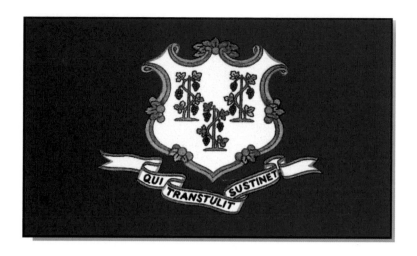

Categoría de estado/Statehood: 1788, estado 5/5th state

Creación de la bandera estatal/Year Made State Flag: 1897

Como muchas banderas estatales, la de Connecticut tiene un fondo azul. Es un color que destaca el escudo blanco y las tres vides de la bandera. El escudo se parece al sello oficial del estado de Connecticut.

Las vides representan los primeros pobladores de Connecticut, colonos ingleses que plantaron las raíces de su cultura en lo que era un bosque salvaje en la década de 1630.

El lema del estado, probablemente tomado del salmo 80 de la Biblia, aparece en latín.

Like many state flags, Connecticut's has a field of blue. It's a striking background for the flag's white shield and three grapevines. The shield is similar to Connecticut's official state seal.

The grapevines represent the first Connecticut settlers, English colonists who planted the roots of their culture in what was then—the 1630's —a wooded wilderness.

The state motto, probably taken from the 80th Psalm of the Bible, appears in Latin.

DELAWARE

"Liberty and Independence"
"Libertad e independencia"

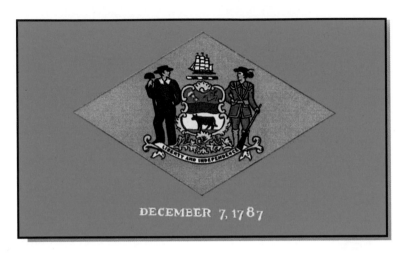

DECEMBER 7, 1787

Categoría de estado/Statehood: 1787, primer estado/1st state
Creación de la bandera estatal/Year Made State Flag: 1913

En vez del nombre del estado, la bandera de Delaware muestra una fecha: el 7 de diciembre de 1787. Es el día en que Delaware ratificó, o aprobó, la Constitución de los Estados Unidos y se convirtió en el primer estado.

La forma de diamante del diseño representa la posición de Delaware como una "joya" política a finales del siglo XVIII, tanto para Inglaterra como para las colonias americanas.

El diamante y las figuras dentro de éste vienen del sello estatal de Delaware. El granjero, el buey, el maíz y el trigo representan las ricas granjas de Delaware. La nave representa el comercio marítimo y el soldado muestra que Delaware está preparado para defenderse.

Rather than the state's name, Delaware's flag shows a date: December 7, 1787. That's the day Delaware ratified, or approved, the Constitution of the United States and became the very first state.

The diamond design represents Delaware's rank as a political "jewel" in the late 1700's to both England and the American colonies.

The diamond and the figures in it are from Delaware's state seal. The farmer, ox, corn, and wheat represent Delaware's rich farms. The ship represents commerce at sea, and the soldier shows Delaware's readiness to defend itself.

FLORIDA

"In God We Trust"
"Confiamos en Dios"

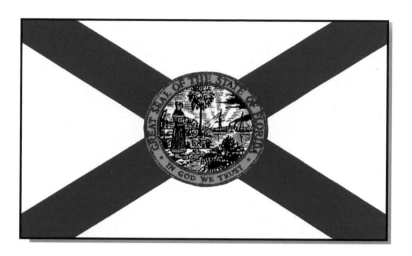

Categoría de estado/Statehood: 1845, estado 27/27th state
Creación de la bandera estatal/Year Made State Flag: 1899

La bandera estatal Florida tiene una X carmesí sobre un fondo blanco. Las barras rojas honran la participación de Florida en los Estados Confederados de América (1861–1865) durante la Guerra Civil.

La bandera de Florida presenta el sello del estado en el centro. Diseñado en 1868, el sello muestra una mujer indígena que esparce flores cerca de aguas azules. El sello también muestra una palmera, un barco de vapor y el sol.

Florida's state flag has a crimson X, or saltire, against a white field. The red bars honor Florida's participation in the Confederate States of America (1861–1865) during the Civil War.

The Florida flag displays the state seal in the center. Designed in 1868, the seal shows a Native American woman scattering flowers by blue waters. The seal also shows a palm tree, a steamship, and of course sunshine.

GEORGIA

"Wisdom, Justice, Moderation"
"Sabiduría, justicia y moderación"

Categoría de estado/Statehood: 1788, estado 4/4th state
Creación de la bandera estatal/Year Made State Flag: 2001

La bandera azul y dorada de Georgia muestra el sello estatal y una historia de las banderas de Georgia a través de los años. El sello estatal, que ha cambiado poco desde su creación en 1799, tiene tres columnas que representan las tres ramas del gobierno: ejecutiva, judicial y legislativa. Una banda con el lema estatal envuelve las columnas. Un soldado, listo para defender los principios del estado, está de pie al lado de una de las columnas. Debajo de éstas aparece el año 1776, la fecha en que Estados Unidos hizo su Declaración de Independencia de Inglaterra.

Georgia's blue-and-gold state flag features the state seal and a history of the state's flags over the years. The Georgia state seal, changed little since its creation in 1799, shows three columns, representing the three branches of government: executive, judicial, and legislative. Ribbons with the state motto wrap the columns. A soldier, ready to defend the state's principles, stands by one column. The year 1776, beneath the columns, is the date of America's Declaration of Independence from England.

HAWAII

"The Life of the Land Is Perpetuated"
"La vida de la tierra se perpetúa"

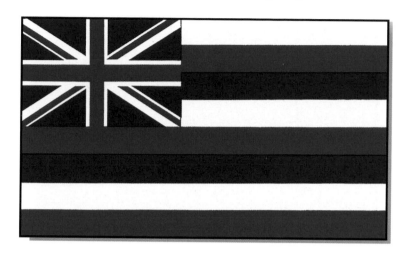

Categoría de estado/Statehood: 1959, estado 50/50th state
Creación de la bandera estatal/Year Made State Flag: 1894

La bandera estatal de Hawai se parece a la famosa bandera de Gran Bretaña, la "Union Jack". Durante gran parte del siglo XIX, Gran Bretaña protegió e invadió Hawai. En 1793 el explorador inglés George Vancouver le dio una bandera británica al rey Hawaiano, Kamehameha I, y los Hawaianos la adoptaron como suya.

Hoy en día, la "Union Jack" aparece en la esquina superior izquierda de la bandera. El resto de la bandera consiste en tres rayas blancas, tres rojas y dos azules, que representan las islas principales de Hawai: Hawai, Oahu, Molokai, Maui, Lanai, Niihau, Kauai y Kahoolawe.

Hawaii's state flag resembles Great Britain's famous flag, the Union Jack. For much of the 19th century, Great Britain both protected and invaded Hawaii. British explorer George Vancouver gave the Hawaiian king, Kamehameha I, a British flag in 1793, and Hawaiians more or less adopted it as their own.

Today, the Union Jack appears on the upper-left corner of the flag. The remainder of the flag consists of three white, three red, and two blue stripes, representing the main islands of Hawaii—Hawaii, Oahu, Molokai, Maui, Lanai, Niihau, Kauai, and Kahoolawe.

"May it Be Forever"

"Que así sea para siempre"

Categoría de estado/Statehood: 1890, estado 43/43rd state
Creación de la bandera estatal/Year Made State Flag: 1907

La bandera de Idaho muestra el sello estatal sobre un fondo azul bordado de oro por tres lados. El nombre del estado aparece en un adorno rojo y dorado debajo del sello.

Diseñado en 1891, el sello muestra un minero, con una piqueta y un palo en la mano, y una mujer. El minero representa la importancia de la riqueza de minerales en Idaho. La mujer, acompañada por un gorro frigio y la balanza de la justicia, representa la libertad, la justicia y la igualdad.

El sello también muestra la cosecha abundante con dos cornucopias o cuernos de la abundancia. La cabeza de alce representa la fauna del estado. El lema estatal aparece en latín.

Idaho's state flag shows the state's seal against a blue field bordered by gold on three sides. The name of the state appears on a gold-edged red scroll beneath the seal.

Designed in 1891, the state seal shows a miner, pick and shovel in hand, and a woman. The miner represents the importance of Idaho's mineral wealth. The woman, accompanied by a liberty cap and the scales of justice, shows liberty, justice, and equality.

The seal also shows rich farming with two cornucopias, or horns of plenty. The elk head reflects the state's wildlife. The state motto appears in Latin.

ILLINOIS

"State Sovereignty, National Union"
"Soberanía estatal, unión nacional"

Categoría de estado/Statehood: 1818, estado 21/21st state
Creación de la bandera estatal/Year Made State Flag: 1915

La bandera de Illinois está dominada por un águila de cabeza blanca que sujeta un escudo rojo, blanco y azul. Una piedra grande cerca de las garras del águila tiene dos años grabados sobre él: 1868, por la creación del sello estatal y 1818, por la aceptación de Illinois como el vigésimo primer estado. Unas banderolas en el pico del águila muestran el lema estatal. La escena incluye un sol que amanece y la tierra fértil.

Los diseños que se hacían en 1913 contienen muchos elementos que aparecen en el sello de Illinois de 1868.

Illinois' state flag is dominated by a bald eagle clutching a red-white-and-blue shield. A boulder by the eagle's talons shows two years—1868 for the creation of the state seal and 1818 for Illinois' admission to the Union as the 21st state. Streamers in the eagle's bill show the state motto. The scene includes a rising sun and fertile ground.

Working in 1913, the designs used many features of the 1868 Illinois State Seal.

"The Crossroads of America"
"El cruce de caminos de América"

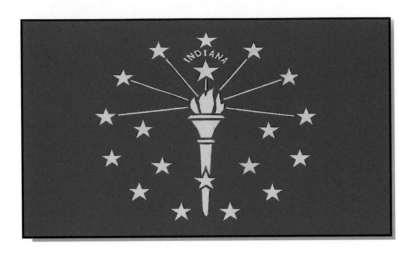

Categoría de estado/Statehood: 1816, estado 19/19th state
Creación de la bandera estatal/Year Made State Flag: 1917

La bandera de Indiana muestra una antorcha con siete rayas y 19 estrellas doradas sobre un fondo azul. La antorcha y sus rayas representan la libertad y la difusión de ilustración o sabiduría.

Una gran estrella sobre la antorcha representa Indiana. Las otras 18 estrellas simbolizan los estados que eran parte de Estados Unidos antes de la entrada de Indiana a la nación en 1816.

El diseñador ganó un concurso patrocinado por las Hijas de la Revolución Americana, una organización que diseñaba banderas.

Indiana's state flag shows a golden torch with seven rays and 19 gold stars against a field of blue. The torch and its rays represent freedom and the spreading of enlightenment or wisdom.

A large star above the torch represents Indiana. The remaining 18 stars symbolize the states that were part of the United States before Indiana's admission to the Union in 1816.

The designer won a contest sponsored by the Daughters of the American Revolution, an organization active in designing flags.

"Our Liberties We Prize, and Our Rights We Will Maintain"
"Apreciamos nuestra libertad y mantendremos nuestros derechos"

Categoría de estado/Statehood: 1846, estado 29/29th state
Creación de la bandera estatal/Year Made State Flag: 1921

Las franjas rojas, blancas y azules de la bandera estatal de Iowa no solamente honran la bandera de Estados Unidos, sino también recuerdan su asociación con Francia. La bandera tricolor de Francia ondeaba sobre Iowa mucho antes de que éste se convirtiera en estado. Iowa llegó a ser parte del territorio americano cuando Estados Unidos lo compró de Francia como parte de la Adquisición de Louisiana en 1803.

El águila de cabeza blanca en el centro de la bandera de Iowa lleva banderolas con el lema estatal.

The red, white, and blue stripes of Iowa's state flag not only honor the United States flag, but also recall Iowa's association with France. France's tricolor flew over Iowa long before it became a state. Iowa became part of American territory when the United States bought it from France as part of the Louisiana Purchase in 1803.

The bald eagle in the center of Iowa's flag carries streamers with the state motto on them.

KANSAS

"To the Stars Through Difficulties"
"A las estrellas a través de las dificultades"

Categoría de estado/Statehood: 1861, estado 34/34th state
Creación de la bandera estatal/Year Made State Flag: 1927

La palabra "Kansas" aparece en la bandera del estado en grandes letras amarillas. El sello estatal y la cresta militar aparecen en la parte superior sobre el trasfondo azul.

La imagen del sello muestra una escena animada del siglo XIX. Un granjero ara con caballos cerca de una casa de troncos. Unos carromatos viajan por un camino, unos indígenas a caballo siguen unos bisontes y un barco de vapor navega río arriba.

Tres filas de 34 estrellas muestran Kansas como el trigésimo cuarto estado. El lema estatal aparece en latín sobre las estrellas.

El girasol con la barra azul y dorado es la cresta militar. El girasol también es la flor estatal.

The word "Kansas" appears in the state's flag in bold yellow letters. Above them, the state's seal and military crest appear against a field of blue.

The picture on the seal shows a colorful 19th century scene. A farmer plows with horses near a log home. Covered wagons move by, Native Americans ride after a herd of bison, and a boat steams upriver.

Three rows of 34 stars show Kansas as the 34th state. The state's motto appears in Latin above the stars.

The sunflower with a blue-and-gold bar is the state's military crest. The sunflower is also the state flower.

KENTUCKY

"United We Stand, Divided We Fall"
"Unidos estamos de pie, divididos caemos"

Categoría de estado/Statehood: 1792, estado 15/15th state
Creación de la bandera estatal/Year Made State Flag: 1918

Kentucky es uno de cinco estados que se conoce como un *commonwealth* (mancomunidad). Esta palabra aparece en la bandera, sobre el sello del estado y una guirnalda de vara de oro, la flor estatal.

El sello de Kentucky muestra dos hombres que se saludan. Uno lleva puesto el ante de los colonos. El otro lleva ropa formal de una época anterior. Ellos representan la pacífica unión de diferentes modos de vida.

El lema estatal de Kentucky, probablemente tomado de una canción de la Guerra Revolucionaria, también forma parte del sello. La Guerra Civil de América puso a prueba este lema, porque la gente de Kentucky estaba dividida en su lealtad hacia el Norte y el Sur.

Kentucky is one of five states known as a commonwealth. "Commonwealth" appears on its flag, above the state seal and a wreath of goldenrod, the state flower.

Kentucky's seal shows two men greeting each other. One is dressed in frontier buckskin. The other wears formal dress of an earlier time. They represent a peaceful joining of different ways of life.

Kentucky's state motto, probably taken from a Revolutionary War song, is also part of the seal. America's Civil War tested this motto, as Kentuckians were divided in their loyalty to the North or South.

LOUISIANA

"Union, Justice, and Confidence"

"Unión, justicia y confianza"

Categoría de estado/Statehood: 1812, estado 18/18th state
Creación de la bandera estatal/Year Made State Flag: 1918

La bandera estatal de Louisiana muestra un pelícano y sus tres crías en un nido, contra un fondo azul. El lema del estado aparece debajo en un rótulo.

Louisiana, el "Estado de los pelícanos", empezó a usar este pájaro palmípedo como su símbolo a principios del siglo XVIII. En esa época la gente creía que el pelícano era un pájaro noble y generoso, que abriría su propio pecho para dar de comer a sus crías si no hubiera otra comida disponible. (De hecho, les dan pescado parcialmente digerido a sus crías.)

Además de dar al estado su apodo y ser la inspiración para la bandera, el pelícano se convirtió en el ave estatal.

Louisiana's state flag shows a pelican and three nesting chicks against a blue field. The state motto appears on a scroll beneath the birds.

Louisiana, the Pelican State, began using the web-footed bird as its symbol in the early 18th century. In those days people believed the pelican was a noble, self-giving bird that would tear open its own breast to feed its young if other food were not available. (In fact, pelican parents feed their babies partly digested fish.)

Besides giving the state its nickname and inspiring its flag, the pelican became Louisiana's state bird.

MAINE

"I Direct"

"Yo dirijo"

Categoría de estado/Statehood: 1820, estado 23/23rd state
Creación de la bandera estatal/Year Made State Flag: 1909

El lema latín de Maine, *Dirigo* ("Yo dirijo") se refiere a la estrella polar. Ésta ayudó a los marineros a orientarse mucho antes de que existiera la navegación moderna.

La estrella polar aparece en la bandera de Maine como parte del sello estatal en el centro de la bandera. Cuando Maine vino a ser parte del país en 1820, era el estado más al norte.

Un alto pino blanco en el sello del estado representa la madera de Maine. Un alce en la base del árbol representa la fauna. Las figuras de un granjero y de un marinero muestran dos importantes ocupaciones del siglo XIX.

Maine's Latin motto, *Dirigo* ("I Direct") refers to the North Star. It helped sailors find their way on the ocean long before modern navigation.

The North Star appears on Maine's state flag, as part of the state seal in the flag's center. When Maine was admitted to the Union in 1820, it was the northernmost state.

A tall white pine on the seal represents Maine's timber. A moose at the base of the tree stands for wildlife. Figures of a farmer and sailor show two important occupations of the 1800's.

MARYLAND

"Manly Deeds, Womanly Words"
"Hechos varoniles, palabras femeninas"

Categoría de estado/Statehood: 1788, estado 7/7th state
Creación de la bandera estatal/Year Made State Flag: 1904

La bandera estatal de Maryland es un homenaje a la tradición. Es muy parecida a las que ondeaban sobre Maryland en la década de 1630, poco después de que fue asentado.

El fundador de Maryland, la familia Calvert, tenía su propio escudo de armas, como otras familias británicas de clase social alta. Su escudo de negro y oro se convirtió en símbolo de Maryland en el período colonial y luego formó parte de la bandera del estado.

El negro y el oro se ven también en el ave (el bolsero de Baltimore) y la flor estatal (black-eyed Susan).

Maryland's state flag is a tribute to tradition. It's much like the flags that Maryland flew in the 1630's, just after its founding.

Maryland's founder, the Calvert family, like other high-class British families, had its own coat of arms. Its black-and-gold coat of arms became the symbol of colonial Maryland and, later, part of the state's flag.

Black and gold show up also in the state bird (Baltimore oriole) and state flower (black-eyed Susan).

MASSACHUSETTS

"By the Sword We Seek Peace, but Peace Only Under Liberty"
"Con la espada buscamos la paz, pero la paz sólo bajo la libertad"

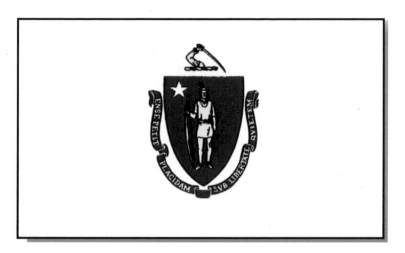

Categoría de estado/Statehood: 1788, estado 6/6th state
Creación de la bandera estatal/Year Made State Flag: 1971

La bandera estatal de Massachusetts muestra un indígena dentro de un escudo azul, que se destaca sobre un fondo blanco. Una banda alrededor del escudo proclama el lema estatal en latín.

La figura del indígena se tomó prestada del primer sello de la colonia de Massachusetts que se estableció en 1639.

La estrella del escudo representa Massachusetts. El brazo con una espada que aparece sobre el escudo viene del escudo de armas del estado, adoptado en 1780. La espada refleja el lema estatal.

The Massachusetts state flag shows a Native American figure against a blue shield on a white field. A banner around the shield proclaims the state motto in Latin.

The Native American figure was borrowed from the first seal of colonial Massachusetts beginning in 1639.

The star on the shield represents Massachusetts. The arm and sword above the shield are from the state coat of arms, adopted in 1780. The sword reflects the state's motto.

MICHIGAN

"If You Seek a Pleasant Peninsula, Look Around"
"Si buscas una península agradable, mira a tu alrededor"

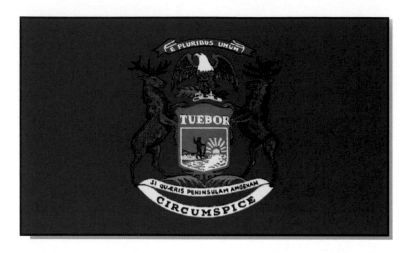

Categoría de estado/Statehood: 1837, estado 26/26th state
Creación de la bandera estatal/Year Made State Flag: 1911

En la bandera estatal de Michigan se destaca el escudo de armas del estado, un diseño que se hizo en 1835. El anta y el alce del diseño pudieron tomarse prestados de la Compañía Hudson Bay, que dirigía el comercio de pieles y de asentamientos ingleses en América del Norte.

La figura de un hombre, con una mano en alto y la otra sobre un rifle, simboliza un estado que ama la paz, pero que tiene la capacidad para defenderse.

En la bandera de Michigan, Estados Unidos está representado por un águila y uno de los tres lemas en latín: *E pluribus unum* (Uno formado por muchos).

Michigan's state flag features the state's coat of arms, a design dating to 1835. The elk and moose on the design may have been borrowed from Hudson's Bay Company, which ran the fur trade and English settlements in North America.

The figure of a man, one hand raised, the other on a rifle, represents a peace-loving state willing to defend itself.

On Michigan's flag, the U.S. is represented by an eagle and one of three Latin mottos, *E pluribus unum* (One Made Up of Many).

MINNESOTA

"The Star of the North"
"La estrella del norte"

Categoría de estado/Statehood: 1858, estado 32/32nd state
Creación de la bandera estatal/Year Made State Flag: 1957

La bandera de Minnesota muestra el sello del estado contra un fondo azul bordado de oro. Las fechas recuerdan el establecimiento del fuerte Snelling, el primer lugar con comercio de pieles (1819); el año en que se convirtió en estado (1858); y la adopción de la primera bandera estatal (1893).

Los recursos naturales del bosque de Minnesota están representados por pinos, un buey y un tocón.

Las 19 estrellas de la bandera representan la entrada de Minnesota como el decimonoveno estado después de las 13 originales. Las palabras francesas *L'Etoile du Nord* significan la estrella del norte, el lema de Minnesota.

Minnesota's state flag presents the state's seal against a field of blue edged with gold. Dates in the seal remember the establishment of Fort Snelling, the state's first fur-trading post (1819); the year of statehood (1858); and the adoption of the first state flag (1893).

Minnesota's forest resources are represented by pine trees, an ox, and a stump.

The 19 stars on the flag show Minnesota's entry as the 19th state after the original 13. The French words *L'Etoile du Nord* mean The Star of the North—Minnesota's motto.

MISSISSIPPI

"By Valor and Arms"

"Por valor y armas"

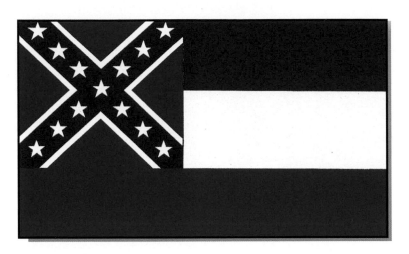

Categoría de estado/Statehood: 1817, estado 20/17th state

Creación de la bandera estatal/Year Made State Flag: 1894

Como formaba parte de la Confederación (1861–1865), Mississippi mantiene un recuerdo de esa época en su bandera. "Las Estrellas y Las Barras" de la antigua Confederación ocupan la esquina superior a la izquierda de la bandera. Pero las franjas rojas, blancas y azules del resto de la bandera reflejan los colores nacionales de Estados Unidos.

Las 13 estrellas de la bandera de batalla de la Confederación simbolizan los estados que formaron la Confederación, no las 13 colonias o estados originales.

Once a part of the Confederacy (1861–1865), Mississippi has kept the memory alive on its state flag. The old Confederacy's Stars and Bars occupies the upper-left corner of the state flag. Otherwise, the red, white, and blue stripes reflect the national colors of the United States.

The 13 stars of the Confederate battle flag symbolize the states that participated in the Confederacy, not the 13 original colonies or states.

MISSOURI

"Let the Welfare of the People Be the Supreme Law"
"Que el bienestar del pueblo sea la ley suprema"

Categoría de estado/Statehood: 1821, estado 24/24th state
Creación de la bandera estatal/Year Made State Flag: 1913

La bandera de Missouri, con sus franjas rojas, blancas y azules, muestra una versión del sello estatal en el centro. El círculo de 24 estrellas blancas representa a Missouri como el vigésimo cuarto estado del país.

Dos osos grises, apoyando el escudo de armas de Missouri, representan fuerza y valor. El lema "Unidos estamos de pie, divididos caemos" aparece en inglés y en latín, junto con el símbolo nacional, el águila de cabeza blanca.

Missouri's red-white-and-blue-striped flag shows a version of the state's seal in the center. The circles of 24 white stars represents Missouri's admission as the 24th state in the Union.

Two grizzly bears, supporting Missouri's coat of arms, represent strength and courage. The motto "United we stand, divided we fall" appears in both English and Latin, along with the nation's bald eagle symbol.

MONTANA

"Gold and SIlver"
"Oro y plata"

Categoría de estado/Statehood: 1889, estado 41/41st state
Creación de la bandera estatal/Year Made State Flag: 1905

La bandera estatal de Montana muestra el sello oficial sobre un fondo azul. "Montana" aparece en letras mayúsculas en color de oro, en la parte superior.

El sello de Montana se creó en 1864, cuando Montana todavía era territorio. El diseño muestra un paisaje montañoso típico del oeste de Montana y las Grandes Cataratas del río Missouri. No hay pioneros en la escena pero sí se ven sus herramientas: un arado, un palo y una piqueta. Las palabras "Oro y plata", escritas en español en una banda, son el lema del estado.

Montana's state flag pictures the official seal against a blue field. "Montana" appears in gold capital letters across the top.

Montana's seal was created in 1864, when Montana was still a territory. The design shows mountain scenery typical of western Montana and the Great Falls of the Missouri River. The picture doesn't show pioneers, but it shows their implements—a plow, shovel, and pick. The Spanish words on a banner—*Oro y plata*—are the state motto—"Gold and Silver."

NEBRASKA

"Equality Before the Law"
"Igualdad ante la ley"

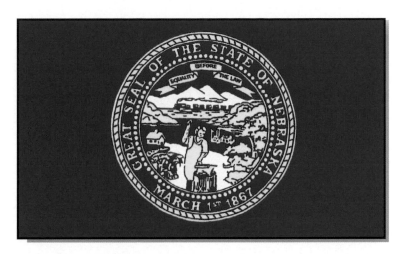

Categoría de estado/Statehood: 1867, estado 37/37th state
Creación de la bandera estatal/Year Made State Flag: 1925

La bandera de Nebraska muestra el sello del estado con sus colores de oro y plata sobre un fondo azul. El sello estatal, adoptado en 1867, es una muestra de Nebraska en la década de 1860.

La figura principal del sello es un herrero con martillo y yunque. Hay gavillas de trigo y espigas de maíz. Un barco de vapor pasa por el río Missouri y un tren de vapor en la distancia se apura hacia las montañas Rocosas. La fecha del sello, el 1 de marzo de 1867, recuerda la entrada de Nebraska al país.

Nebraska's flag shows its state seal of silver and gold against a field of blue. The state seal, adopted in 1867, is a glimpse of Nebraska in the 1860's.

The central figure in the seal is a blacksmith with a hammer and anvil. Nearby are sheaves of wheat and stalks of corn. A steamboat cruises the Missouri River and a distant steam train races toward the Rocky Mountains. The date on the seal, March 1, 1867, remembers Nebraska's admission to the Union.

NEVADA

"All for Our Country"
"Todo por nuestro país"

Categoría de estado/Statehood: 1864, estado 36/36th state
Creación de la bandera estatal/Year Made State Flag: 1929

Nevada, admitido a la nación en 1864, a finales de la Guerra Civil, puso las palabras "Battle Born" (Nacido de la guerra) en su bandera.

Debajo del adorno dorado, una estrella de plata y dos tallos de artemisa forman una media guirnalda. La artemisa, que una vez era importante como medicina y comida para el ganado, ahora es la flor de Nevada.

Los colores de plata y oro en la bandera representan estos metales preciosos, que se encuentran en Nevada. De hecho, el gobierno de Estados Unidos se apuró en darle a Nevada la categoría de estado durante la Guerra Civil porque necesitaba los dos metales para sus acciones de guerra.

Nevada, admitted to the Union in 1864, late in the Civil War, put the words "Battle Born" on its state flag.

Below the golden scroll, a silver star and two stems of sagebrush form a half-wreath. Sagebrush, once important as medicine and food for cattle, is now Nevada's state flower.

The silver and gold colors on the flag represent these precious metals, both of which are found in Nevada. In fact, the United States government hurried forward with Nevada's bid for statehood during the Civil War because it needed both metals for its war effort.

New Hampshire

"Live Free or Die"

"Vive libre o muere"

Categoría de estado/Statehood: 1788, estado 9, 9th
Creación de la bandera estatal/Year Made State Flag: 1949

La bandera de New Hampshire muestra el sello del estado en el centro contra un fondo azul. La figura principal es un barco de madera con mástiles altos. Probablemente es la fragata Raleigh, construida en Portsmouth, New Hampshire, en 1776. La Raleigh fue una de las primeras naves de guerra de Estados Unidos.

Verdes hojas de laurel rodean la Raleigh, y hojas doradas de laurel forman una guirnalda exterior alrededor del sello. El laurel es un antiguo símbolo de victoria y de honor.

La fecha 1776 es un tributo a la firma de la Declaración de Independencia.

New Hampshire's flag pictures the state seal in the center against a blue field. The central figure is a tall-masted wooden ship. It is probably the frigate Raleigh, built in Portsmouth, New Hampshire, in 1776. The Raleigh was one of the first U.S. warships.

Green leaves of laurel surround the Raleigh, and golden laurel leaves form an outer wreath for the seal. Laurel is an ancient symbol for victory and honor.

The date 1776 is tribute to the signing of the Declaration of Independence.

Categoría de estado/Statehood: 1787, estado 3/3rd state
Creación de la bandera estatal/Year Made State Flag: 1896

El color del fondo de la bandera de New Jersey es único. Este matiz de amarillo fue el color que el general Washington pidió para adornar los uniformes de los soldados de Nueva Jersey y también fue el color de la antigua bandera militar del estado.

Una gran parte del sello estatal, diseñado en 1777, aparece en el centro de la bandera del estado. Las figuras femeninas simbolizan la libertad y la prosperidad. La libertad tiene un gorro frigio sobre su bastón, y la prosperidad sujeta un cuerno de la abundancia. Tres arados representan la agricultura. Aunque Nueva Jersey tiene la población más densa de todos los estados, se le conoce como el estado jardín.

The buff-colored field of New Jersey's state flag is unique. Buff was the color that General Washington ordered for the trim on the blue uniforms of New Jersey soldiers and the color of the state's old military flag.

Much of the state seal, designed in 1777, appears on the center of the state flag. Figures of women symbolize liberty and prosperity. Liberty holds a liberty cap atop her staff, while prosperity holds a horn of plenty. Three plows also represent agriculture. Although New Jersey has the densest population of any state, it is known as the Garden State.

"Libertad y prosperidad"

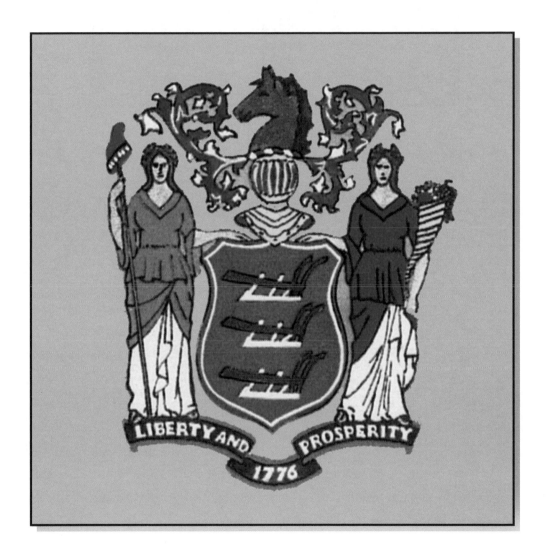

"Liberty and Prosperity"

New Mexico

Categoría de estado/Statehood: 1912, estado 47/47th state
Creación de la bandera estatal/Year Made State Flag: 1925

Los zia, un grupo indígena de Nuevo México, prestó al estado el símbolo del sol que aparece en la bandera. La bandera fue patrocinada por las Hijas de la Revolución Americana y diseñada por un arqueólogo y un médico.

El símbolo del sol tiene muchos significados para los zia. Por una parte, representa la amistad perfecta entre las culturas unidas.

El rojo y el amarillo de la bandera son los colores de España. España gobernó a Nuevo México desde principios del siglo XVI hasta 1821, cuando México conquistó el territorio que hoy es Nuevo México.

New Mexico borrowed the sun symbol on its flag from the Zia, one of its Native American groups. The flag was sponsored by Daughters of the American Revolution and designed by an archaeologist and physician.

The sun symbol has many meanings for the Zia. For one, it represents perfect friendship among the united cultures.

The red and yellow in the flag are the colors of Spain. Spain ruled New Mexico from the early 1500's until 1821, when Mexico took over the territory that is now New Mexico.

"Crece mientras avanza"

"It Grows As It Goes"

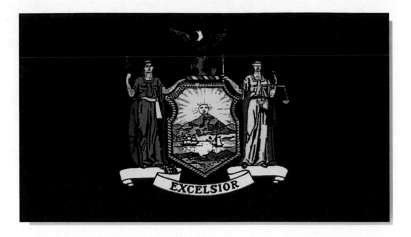

Categoría de estado/Statehood: 1788, estado 11/11th state
Creación de la bandera estatal/Year Made State Flag: 1901

La bandera estatal de Nueva York es una de las más coloridas. Ésta muestra el escudo de armas del estado, sostenido por las figuras de Libertad y Justicia, con una corona a sus pies. La corona representa la independencia americana de Inglaterra, y las figuras representan la libertad y la igualdad.

Otros símbolos de la bandera incluyen un águila de cabeza blanca, el símbolo del país, y un globo terráqueo que muestra América del Norte y el hemisferio oeste. El sol que amanece y los barcos que navegan, probablemente representan el río Hudson de Nueva York.

New York's state flag is one of the most colorful. It features the state's coat of arms, a shield supported by figures of Liberty and Justice, a crown at her feet. The crown stands for American independence from England, while the figures represent freedom and equality.

Other symbols on the flag include a bald eagle, the country's symbol and a globe showing North America and the Western Hemisphere. A rising sun and sailing ships likely stand for New York's Hudson River.

"Excelsior"
(Siempre adelante)

"Excelsior"
(Ever Upward)

NORTH CAROLINA

"To Be Rather Than To Seem"
"Ser, mejor que parecer"

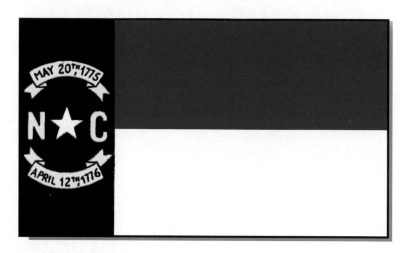

Categoría de estado/Statehood: 1789, estado 12/12th state
Creación de la bandera estatal/Year Made State Flag: 1885

La bandera estatal de Carolina del Norte tiene dos franjas anchas horizontales y una vertical. Pero los rasgos principales son las dos fechas escritas sobre un adorno dorado: el 20 de mayo de 1775 y el 12 de abril de 1776.

En mayo de 1775, los ciudadanos de Mecklenburg, en Carolina del Norte, pudieron haber presentado una formal Declaración de Independencia de Inglaterra. Pero sin duda es cierto que en abril de 1776, el Congreso Provincial de Carolina del Norte votó para unirse con los delegados de las otras colonias en declarar la independencia de Inglaterra. Esta decisión, que se hizo en Halifax, Carolina del Norte, se conoce hoy como la Resolución de Halifax.

The North Carolina state flag has two broad horizontal stripes and a vertical stripe. The main features, however, are two dates on gold scroll: May 20, 1775, and April 12, 1776.

In May, 1775, citizens of Mecklenburg, North Carolina, may have issued a formal Declaration of Independence from England. But it is certainly true that in April, 1776, North Carolina's Provincial Congress voted to join delegates of the other colonies in declaring independence from England. This decision, reached at Halifax, North Carolina, became known as the Halifax Resolves.

North Dakota

"Liberty and Union Now and Forever, One and Inseparable"

"Libertad y unión, ahora y siempre, una e inseparable"

Categoría de estado/Statehood: 1889, estado 39/39th state
Creación de la bandera estatal/Year Made State Flag: 1911

La bandera estatal de Dakota del Norte se parece a la bandera de batalla que llevaban los hombres de los Primeros Voluntarios de Dakota del Norte durante la Guerra Hispano-Americana (1898–1899). La bandera muestra un águila de cabeza blanca con un emblema de rojo, blanco y azul en su pecho. El águila sujeta una rama de olivo, símbolo de paz, y flechas, símbolo de poder militar. Las estrellas sobre el águila representan los 13 estados originales. Una banderola proclama *E Pluribus Unum* ("Uno formado por muchos") que se tomó del Gran Sello de Estados Unidos.

North Dakota's state flag is like the battle flag carried by men of the First North Dakota Volunteers during the Spanish-American War (1898–1899). The flag shows a bald eagle with a red-white-and-blue emblem on its breast. The eagle holds an olive branch, symbol of peace, and arrows, symbol of military might. The stars above the eagle represent the original 13 states. A banner proclaims *E Pluribus Unum* ("One Made Up of Many") taken from the Great Seal of the United States.

OHIO

"With God, All Things Are Possible"

"Con Dios todo es posible"

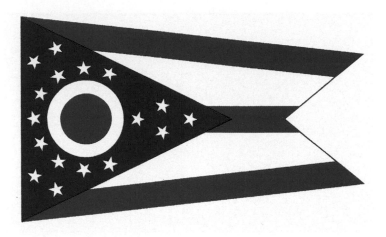

Categoría de estado/Statehood: 1803, estado 17/17th state
Creación de la bandera estatal/Year Made State Flag: 1902

Ohio es el único de los 50 estados que tiene una bandera en forma de cola de golondrina. Es probable que su diseñador tomara esa forma de una antigua bandera de la Caballería de EE.UU.

Los triángulos formados por las líneas principales de la bandera representaban las colinas y las valles de Ohio. Las franjas representaban las carreteras y las vías navegables. El círculo blanco con su centro rojo representa la primera letra de Ohio y la semilla redonda del buckeye, el árbol estatal (aunque las semillas del buckeye son marrones, no rojos).

Ohio has the only swallow-tailed flag among the 50 states. Its designer likely took the forked tail from an old U.S. Cavalry flag.

Triangles formed by the flag's main lines represented the hills and valleys of Ohio. The stripes represented the roads and waterways. The white circle with its red center shows the first letter of Ohio and the round seed of the buckeye, Ohio's state tree. (Buckeye seeds are brown, however, not red.)

OKLAHOMA

"Labor Conquers All Things"
"El trabajo conquista todo"

Categoría de estado/Statehood: 1907, estado 46/46th state
Creación de la bandera estatal/Year Made State Flag: 1925

El escudo en el centro de la bandera azul claro de Oklahoma es un escudo de batalla de los osage, uno de varios grupos indígenas establecidos en Oklahoma. El color azul del fondo viene de una bandera de batalla que los soldados choctaw llevaron durante la Guerra Civil.

Dos símbolos de la paz decoran el escudo: la pipa de la paz (indígena) y la rama de olivo (europea). El diseñador quería presentar a la gente de Oklahoma como "una gente unida que ama la paz".

Unas estrellas en forma de cruces blancas representan los altos principios.

The shield at the center of Oklahoma's light blue flag is a battle shield of the Osage, one of several Native American groups that settled in Oklahoma. The blue color of the field is from the battle flag carried by Choctaw soldiers in the Civil War.

Two peace symbols decorate the shield: the calumet, or peace pipe (Native American), and olive branch (European). The designer wanted to show Oklahomans as "a united, peace-loving people."

Stars in the form of white crosses represent high ideals.

OREGON

"The Union"

"La Unión"

Categoría de estado/Statehood: 1859, estado 33/33rd state
Creación de la bandera estatal/Year Made State Flag: 1925

La bandera estatal de Oregón muestra, en color de oro, una gran parte del sello estatal. El sello, en forma de corazón y diseñado en 1857, da un vistazo del Oregón de aquella época. Un barco de mástil alto navega en la distancia. Hay un carromato tirado por un buey en el primer plano. El carromato simboliza el asentimiento de Oregón, y un arado y una piqueta simbolizan dos de las profesiones de los colonos: la agricultura y la minería. El mar, las montañas y los bosques representan la riqueza de los recursos naturales. Un águila de cabeza blanca, símbolo de la nación, se posa sobre el escudo.

Oregon's state flag shows a large part of the state seal in gold. The heart-shaped seal, designed in 1857, shows a glimpse of Oregon at that time. A tall-masted ship sails in the distance. An ox-drawn covered wagon stands in the foreground. While the wagon symbolizes the settlement of Oregon, a plow and pickax symbolize two of the settlers' occupations—farming and mining. The ocean, mountains, and forests represent the state as a treasure chest of natural resources. A bald eagle, symbolic of the nation as a whole, perches above the shield.

Pennsylvania

"Virtue, Liberty, Independence"
"Virtud, libertad e independencia"

Categoría de estado/Statehood: 1787, estado 2/2nd state
Creación de la bandera estatal/Year Made State Flag: 1907

La bandera de Pennsylvania muestra el escudo del estado. Dos caballos negros empinados apoyan un escudo sobre el cual se posa un águila de cabeza blanca. Los caballos, que llevan arneses, representan la fuerza con la cual Pennsylvania puede escapar las dificultades y mantenerse próspero.

En el escudo, una nave representa el comercio, un arado representa la agricultura, y unas gavillas de trigo representan la abundancia de la cosecha.

Muchos elementos del diseño de la bandera datan de la década de 1770.

Pennsylvania's flag shows the state's coat of arms. Two rearing black horses support a shield atop which a bald eagle is perched. The horses, each wearing a harness, represent the might with which Pennsylvania can escape difficulties and stay prosperous.

The shield pictures a sailing ship to represent trade, a plow to represent farming, and sheaves of wheat to represent the wealth of harvest.

Many elements of the flag's design date to the 1770's.

RHODE ISLAND

"Hope"
"Esperanza"

Categoría de estado/Statehood: 1790, estado 13/13th state
Creación de la bandera estatal/Year Made State Flag: 1897

Un ancla dorada domina la bandera de Rhode Island al igual que en el primer sello del estado, diseñado en 1647. Más tarde, en 1664, se añadió la palabra "hope" (esperanza) al sello.

El ancla representa un punto de apoyo, firmeza y estabilidad, lo que pudo haber significado la colonia de Rhode Island para los primeros colonos. La palabra "esperanza", en conjunto con el ancla, sugiere un verso de la Biblia: "...la esperanza tenemos, como ancla del alma…" El sello tal vez expresa la importancia que estos colonos dieron a la libertad religiosa.

A golden anchor dominates Rhode Island's state flag as it did Rhode Island's first seal, designed in 1647. Later (1664), the word "hope" was added to the seal.

An anchor represents a foothold, firmness, and stability—what the Rhode Island colony may have meant to the first settlers. The word "hope" along with the anchor suggests a Bible verse— "...hope we have as anchor of the soul...." The seal may express the importance these colonists placed on freedom of worship.

SOUTH CAROLINA

"Prepared in Spirit and Resources" and "While I Breathe, I Hope"
"Preparado de mente y recursos" y "Mientras respiro tengo esperanza"

Categoría de estado/Statehood: 1788, estado 8/8th state
Creación de la bandera estatal/Year Made State Flag: 1861

Nunca adivinarías que los símbolos en la bandera de Carolina del Sur recuerdan una batalla de la Guerra Revolucionaria. Las palmeras de sabal, como la de la bandera, ayudaron a los soldados.

Los soldados construyeron un fuerte de troncos de palmeras para defender una isla de la costa de Carolina del Sur contra un ataque británico. En vez de destruir el fuerte, la fuerza de las balas de cañón fue absorbida por la madera esponjosa de las palmeras.

Una luna creciente, como la que apareció en los gorros de los soldados, también aparece en la bandera estatal de Carolina del Sur.

You would never guess that the symbols on South Carolina's state flag recall a Revolutionary War battle. Soldiers were aided by sabal palm trees, like the one on the flag.

Soldiers built a fort of palm logs to defend an island off South Carolina's coast against British attack. Instead of destroying the fort, British cannonballs sank into the spongy palms.

A crescent moon like that worn on the soldiers' caps also appears on South Carolina's state flag.

SOUTH DAKOTA

"Under God the People Rule"
"Bajo Dios gobierna el pueblo"

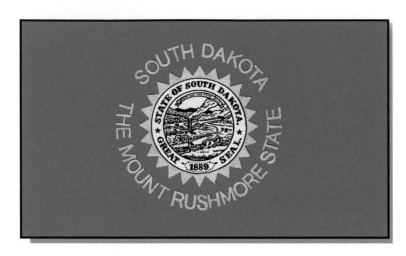

Categoría de estado/Statehood: 1889, estado 40/40th state
Creación de la bandera estatal/Year Made State Flag: 1963

El sello estatal en el centro de la bandera de Dakota del Sur muestra las actividades típicas del estado cuando éste se unió a la nación en 1889. Un granjero ara un campo, usando un arado tirado por un caballo. Un barco de vapor, que representa el comercio y el transporte, se desliza por el río Mississippi. En la distancia, se pueden ver las Colinas Negras del estado. Unos edificios representan la minería y la manufactura. El ganado y el maíz representan la agricultura.

Unas rayas de sol rodean el sello, y escritas en el interior del círculo están el nombre del estado y su apodo, el "Estado del monte Rushmore". El lema estatal aparece en un adorno dentro del sello.

The state seal in the center of the South Dakota state flag shows activities in the state when it joined the Union in 1889. A farmer, using a horse-drawn plow, turns over a field. A steamboat, representing trade and transportation, glides along the Missouri River. The state's Black Hills rise in the distance. Buildings represent mining and manufacturing. Cattle and corn represent the state's agriculture.

Rays of sun encircle the seal along with the name of the state and its nickname, the Mount Rushmore State. The state motto appears on a scroll within the seal.

TENNESSEE

"Agriculture and Commerce"
"Agricultura y Comercio"

Categoría de estado/Statehood: 1796, estado 16/16th state
Creación de la bandera estatal/Year Made State Flag: 1905

Tennessee tiene tres zonas geográficas. La tierra baja del río Mississippi está al oeste. La tierra de colinas está en el centro, y el este es terreno montañoso. El diseñador de la bandera estatal honraba las tres regiones con tres estrellas blancas. Las encerró en un círculo azul para mostrar que, aunque tenían diferentes culturas y paisajes, eran partes inseparables de un conjunto.

La función de la estrecha barra vertical de azul, dijo el diseñador, fue para "quitar la monotonía del fondo rojo de la bandera".

Tennessee has three geographical areas. The low country of the Mississippi River is in the west. Hill country lies in the middle. The east is a mountain realm. The state's flag designer honored the three regions with three white stars.

He bound them in a blue circle to show that, though different in culture and landscape, they were inseparable parts of the whole.

The narrow vertical bar of blue on the flag was used, the designer said, "to relieve the sameness of the flag's red field."

TEXAS

Categoría de estado/Statehood: 1845, estado 28/28th state
Creación de la bandera estatal/Year Made State Flag: 1839

Varias banderas con una sola estrella han ondeado sobre Texas desde principios del siglo XIX. Una sola estrella blanca se ha usado a menudo como símbolo de la independencia, especialmente en Estados Unidos. Los colonizadores americanos y españoles en Texas estaban involucrados en los esfuerzos de independencia contra España y luego México.

Texas ganó independencia de México en 1836 e izó una bandera de una sola estrella. En 1839, la nueva República de Texas reemplazó tal bandera con la actual de una estrella. Esta bandera siguió flameando cuando la efímera República de Texas se convirtió en el vigésimo octavo estado en 1845. Hoy Texas se conoce como el estado de la estrella solitaria.

Various flags with one star have been flown over Texas since the early 1800's. A single white star has often been used as a symbol of independence, especially in the United States. American and Spanish settlers in Texas were involved in independence efforts against Spain and, later, Mexico.

Texas gained independence from Mexico in 1836 and hoisted a one-star flag. The new Republic of Texas replaced that flag with the present one-star flag in 1839. The Lone Star Flag continued to fly when the short-lived Republic of Texas became the 28th state in 1845. Today, Texas is the Lone Star State.

"Amistad"

"Friendship"

UTAH

"Industry"
"Industria"

Categoría de estado/Statehood: 1896, estado 45/45th state
Creación de la bandera estatal/Year Made State Flag: 1913

La bandera de Utah es una combinación de símbolos del estado y de la nación. El águila de cabeza blanca, las estrellas y las franjas son símbolos nacionales. Las fechas 1847 y 1896, y la colmena son importantes para Utah.

Un grupo religioso llamado los mormones se estableció alrededor de Salt Lake City en 1847. El grupo influyó en el crecimiento de Utah y en su admisión a la nación en 1896.

El nombre original del asentimiento mormónico, "Deseret", o "abeja melífera", viene del Libro de Mormón. La abeja simboliza el duro trabajo. La colmena llegó a representar el lema del estado, "Industria", y Utah se convirtió en el "Estado de las Colmenas".

Utah's state flag is a colorful blend of state and national symbols. The bald eagle and stars and stripes are clearly national symbols. The dates—1847 and 1896—and beehive are important to Utah.

A religious group called the Mormons settled around Salt Lake City in 1847. The group was influential in the growth of Utah and its admission to the Union in 1896.

The original name for the Mormon settlement was "Deseret," or "honeybee," from the group's Book of Mormon. The honeybee symbolizes hard work. The hive came to represent the state motto, "Industry", and Utah became the Beehive State.

VERMONT

"Freedom and Unity"
"Libertad y unión"

Categoría de estado/Statehood: 1791, estado 14/14th state
Creación de la bandera estatal/Year Made State Flag: 1923

La bandera de Vermont muestra gran parte del sello oficial del estado, diseñado por Ira Allen, el hermano del famoso Ethan Allen, en 1779. El sello muestra una vaca, unas gavillas de trigo, unas montañas y un bosque. Hay un pino alto en el centro del escudo. La cabeza de un ciervo aparece sobre el escudo.

Los símbolos representan las granjas y los recursos naturales de Vermont. Las ramas de pinos están colocadas debajo del escudo para recordar las ramas que la gente de Vermont usó en la Batalla de Plattsburgh durante la Guerra de 1812. Las ramas ayudaron a los soldados a esconderse del ejército británico.

Vermont's flag shows much of the official state seal designed by Ira Allen, brother of the famous Ethan Allen, in 1779. The seal pictures a cow, wheat sheaves, mountains, and forest. A tall pine stands in the center of the shield. The head of a buck deer appears above the shield.

The symbols represent Vermont's farms and natural resources. Pine boughs are placed beneath the shield to remember the branches worn by Vermonters in the Battle of Plattsburgh during the War of 1812. The branches helped the soldiers hide from the British army.

VIRGINIA

"Thus Ever to Tyrants"
"Así siempre a los tiranos"

Categoría de estado/Statehood: 1788, estado 10/10th state
Creación de la bandera estatal/Year Made State Flag: 1861

El sello estatal de Virginia, adoptado en 1776, ocupa el centro de la bandera del estado. El lema del estado, *Sic Semper Tyrannis* ("Así siempre a los tiranos") aparece en el sello debajo de dos figuras humanas vestidos de guerreros antiguos. La figura de pie, Virtud, pone el pie izquierdo sobre el pecho de un tirano caído. La corona del tirano está en el suelo. Éste tiene una cadena rota en la mano izquierda y un látigo en la derecha.

La bandera del estado de Virginia tiene un inusual borde de flecos blancos en el extremo de la bandera, en el borde que queda más lejos del asta.

Virginia's state seal, adopted in 1776, is the centerpiece of the state flag. The state motto—*Sic Semper Tyrannis* ("Thus Ever to Tyrants")—appears on the seal beneath two human figures dressed as ancient warriors. The standing figure, Virtue, has her left foot on the chest of a fallen tyrant. His crown lies nearby. He has a broken chain in his left hand and a whip in his right.

Virginia's state flag has an unusual border of white fringe on the fly side; that is, the edge farthest from the flagpole.

WASHINGTON

"Al-Ki" (By and By)"
"Esperanza para el futuro"

Categoría de estado/Statehood: 1889, estado 42/42nd state
Creación de la bandera estatal/Year Made State Flag: 1861

La bandera estatal de Washington es la única con un fondo verde, que representa sus acres de bosques con árboles perennes. Además, es la única bandera con la imagen de un presidente. Nombrado por el primer presidente, el estado le honra en el sello del estado, lo cual aparece en la bandera.

Un joyero del estado diseñó el sello sin querer. Luego de negarse a grabar un complicado sello que le había entregado un comité del estado, dibujó un círculo dentro de otro más grande, añadió un título ("El Sello del Estado de Washington — 1889"), y puso una estampa del presidente Washington en el centro. ¡El comité del estado aprobó el nuevo diseño unas semanas después!

Washington's is the only state flag with a green field, representing the acres of evergreen forests in the state. It is also the only flag with a president's likeness. Named for the first president, the state honored the man on the state seal, which appears on the flag.

A jeweler in the state designed the seal—by accident. Refusing to engrave a complicated seal brought to him by a state committee, he drew a circle inside a larger circle, added a label ("The Seal of the State of Washington—1889"), and stuck a stamp bearing President Washington's picture in the center. The state committee approved the new design several weeks later!

WEST VIRGINIA

"Mountaineers Are Always Free"
"Montañeros siempre libres"

Categoría de estado/Statehood: 1863, estado 35/35th state
Creación de la bandera estatal/Year Made State Flag: 1929

La bandera de West Virginia muestra el escudo de armas del estado contra un fondo blanco de borde azul. El rododendro adelfa, la flor estatal, forma una guirnalda alrededor de la ilustración de dos figuras. Una representa la minería. La otra representa la agricultura. Dos rifles y un gorro frigio están en el suelo en frente de las dos figuras, como símbolo de la voluntad de West Virginia en luchar por la libertad.

Una roca entre los hombres lleva la fecha en que West Virginia se convirtió en estado, el 20 de junio de 1863. El escudo de armas del estado se creó ese mismo año.

West Virginia's flag shows the state's coat of arms against a white field with blue border. Rosebay rhododendron, the state flower, forms a wreath around a picture of two figures. One represents mining. The other represents farming. Two rifles and a liberty cap lie on the ground in front of the figures, symbolizing West Virginia's willingness to fight for freedom.

A rock between the men bears the date of West Virginia statehood, June 20, 1863. The state coat of arms was created that same year.

WISCONSIN

"Forward"

"Adelante"

Categoría de estado/Statehood: 1848, estado 30/30th state
Creación de la bandera estatal/Year Made State Flag: 1913

El tejón llegó a formar parte del folklore de Wisconsin porque como los tejones, los primeros mineros del estado trabajaban debajo de la tierra en cuevas que habían cavado dentro de las colinas. Cuando se adoptó un escudo de armas del estado en 1857, la imagen de un tejón se ubicó sobre el escudo, que está sostenido por un marinero y un minero. El escudo de armas aparece en el centro de la bandera de Wisconsin.

El diseño de la bandera está lleno de símbolos del Wisconsin antiguo. Un cuerno de la abundancia y un arado representan la agricultura. La minería está representada por unas barras de plomo, un minero y una piqueta. Un marinero y un ancla representan el comercio del estado por los Grandes Lagos.

The badger became part of Wisconsin folklore because early miners in the state, like badgers, worked underground in hillside caves they had dug by hand. When the state coat of arms was adopted in 1857, a likeness of a badger was placed above the shield supported by a sailor and a miner. That coat of arms appears at the center of the Wisconsin state flag.

The flag's design is rich with symbols of old Wisconsin. A horn of plenty and plow represent farming. Mining is represented by a stack of lead bars, a miner, and a pickax. A sailor and an anchor represent the state's trade on the Great Lakes.

WYOMING

"Equal Rights"
"Igualdad de derechos"

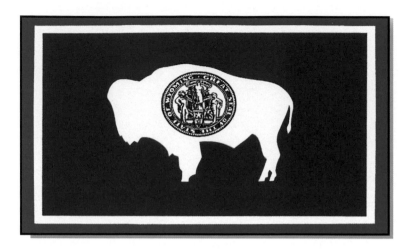

Categoría de estado/Statehood: 1890, estado 44/44th state
Creación de la bandera estatal/Year Made State Flag: 1917

El Gran Sello del Estado de Wyoming aparece en la bandera del estado como un hierro en el lomo de un bisonte blanco. El bisonte era una importante fuente de comida, ropa, refugio y combustible para los indígenas y colonizadores blancos de Wyoming antes de que se convirtiera en estado.

La mujer del sello representa el lema de Wyoming, el primer estado que dio a la mujer el derecho de votar y de tener cargos en el gobierno. Los hombres del sello representan la cría de ganado vacuno y la minería. Un águila de cabeza blanca y un escudo muestran la lealtad a la nación. El borde rojo es un símbolo de los indígenas de Wyoming y la sangre que se derramó durante la época de su asentamiento.

The Great Seal of the State of Wyoming appears on the state flag as a giant brand on the shoulder of a white bison. The bison was an important source of food, clothing, shelter, and fuel for Native Americans and white settlers in Wyoming before statehood.

The woman in the seal represents the motto of the first state to grant women the rights to vote and hold public office. Men in the seal represent cattle ranching and mining. A bald eagle and shield show loyalty to the nation. The red border is a symbol of Wyoming's Native Americans and the blood spilled during the days of its settlement.

Índice/Index

Note: States are listed in the order in which they joined the United States. Delaware was the first, Hawaii was the last.

Nota: Los estados aparecen en el mismo orden en que se unieron a los Estados Unidos. Delaware fue el primero y Hawai el último.